Título original
A LITTLE GOD TIME
© 2016 by BroadStreet Publishing

Editor responsável
Marcos Simas

Supervisão editorial
Maria Fernanda Vigon

Tradução
Julia Ramalho

Preparação de texto
Cleber Nadalutti

Design original
Chris Garborg

Diagramação/Adaptação à edição brasileira
PSimas

Capa/Adaptação à edição brasileira
Wellington Carvalho

Revisão
João Rodrigues Ferreira
Carlos Buczynski
Nataniel dos Santos Gomes
Angela Baptista

Todos os direitos desta obra pertencem à Geográfica Editora © 2018. Qualquer comentário ou dúvida sobre este produto escreva para: produtos@geografica.com.br

Todas as citações bíblicas foram extraídas da NVI, Nova Versão Internacional, da Sociedade Bíblica Internacional. Copyright © 2001, salvo indicação em contrário.

Esta obra foi impressa no Brasil com a qualidade de impressão e acabamento da Geográfica Serviços Gráficos.

T288   Um tempo especial com Deus: diário devocional / Traduzido por Julia Ramalho. – Santo André: Geográfica, 2018.

144p. ; 15,5x20,5cm.
ISBN 978-85-8064-235-3 Título original: A little God time.
1. Livro de meditações. 2. Escritos contemplativos. 3. Deus. I. Ramalho, Julia.

CDU 242

Catalogação na publicação: Leandro Augusto dos Santos Lima – CRB 10/1273

"O SENHOR é bom para com aqueles cuja esperança está nele, para com aqueles que o buscam; é bom esperar tranquilo pela salvação do SENHOR."

Lamentações 3.25-26

INTRODUÇÃO

Quando as obrigações da vida exigirem a sua atenção, descanse no Senhor para encontrar a esperança, a alegria e a paz de que você precisa a cada dia.

Este devocional oferece sabedoria divina e discernimento para fortalecer a sua fé e encorajar o seu espírito.

O Pai é fascinado por você! Deus se deleita quando você escolhe passar tempo com ele. Deixe que o seu coração se encha com a presença dele a fim de encontrar a paz abundante que só o Senhor pode oferecer.

Seja renovada e inspirada ao fazer de
Um tempo especial com Deus parte do seu dia

O AMOR DO PAI

Independentemente do amor demonstrado — ou não — pelo seu pai terrestre, o amor do Pai celestial é totalmente sem limites. Reflita sobre isso por um momento. Não há nada que você possa fazer que seja capaz de mudar o que ele sente por você. Nada.

Gastamos tanto tempo tentando nos tornar mais atraentes, fazendo tratamentos estéticos, criando receitas gourmet e até tentando agradar a todos. Nós esquecemos, com muita facilidade, que somos perfeitamente amadas. O nosso Pai nos ama mais do que podemos imaginar. Ele faria qualquer coisa por nós. Qualquer coisa.

> "Se alguém possui cem ovelhas, e uma delas se perde, não deixará as noventa e nove nos montes, indo procurar a que se perdeu? E se conseguir encontrá-la, garanto-lhes que ele ficará mais contente com aquela ovelha do que com as noventa e nove que não se perderam."
>
> Mateus 18.12-13

Quem é a pessoa que você ama de maneira mais intensa, protetora e desesperada aqui na terra? O que faria por ela? Saiba que isso é apenas uma fração, quase imensurável, daquilo que Deus faria por você. Dedique algum tempo para agradecer ao Senhor pelo grande amor que ele tem por você.

MINHAS REFLEXÕES

AMADURECIMENTO

Lembra-se de quando você percebeu que havia parado de crescer? A sua altura seria aquela, e o seu número de sapato também não mudaria mais. Esse segundo fato foi bastante emocionante para muitas de nós; não ouviríamos mais de nossas mães: "É muito dinheiro para gastar em sapatos que perderá em poucos meses." E, assim, começamos a colecioná-los.

Pouco tempo depois que os nossos ossos param de crescer, nós nos damos conta de que o verdadeiro crescimento está apenas se iniciando. Quando nos tornamos adultas, as nossas amizades se aprofundam ou se desfazem à medida que passamos a descobrir quem somos. Não importa qual seja a nossa idade atualmente, a maioria de nós ainda está descobrindo isso. E o crescimento em Cristo é um processo que nunca tem fim.

> "Não que eu já tenha obtido tudo isso ou tenha sido aperfeiçoado, mas prossigo para alcançá-lo, pois para isso também fui alcançado por Cristo Jesus."
>
> Filipenses 3.12

Como ter consciência de que Deus quer ajudá-la a alcançar o seu melhor a inspira a tentar realizar isso este ano?

MINHAS REFLEXÕES

SIGA A SETA

Decisões e mais decisões. Parece que não há uma semana sequer em que não precisemos tomar, pelo menos, uma resolução importante. Quer seja relacionada ao trabalho, a relacionamentos ou a algo aparentemente inocente, como decidir o que fazer em uma noite de sexta-feira. Não seria bom se tivéssemos uma seta para nos apontar à direção certa — especialmente quando corremos o risco de tomar uma decisão errada?

De acordo com a Palavra, é exatamente isso que temos. Quando realmente desejamos trilhar o caminho que Deus tem para nós e quando buscamos, com sinceridade, ouvir a sua voz, ele promete nos guiar na direção certa. O Espírito do Senhor sempre presente está ali, pronto para nos colocar de volta ao caminho toda vez que nos desviamos dele.

> "Quer você se volte para a direita quer para a esquerda, uma voz atrás de você lhe dirá: 'Este é o caminho; siga-o'."
>
> Isaías 30.21

Reflita sobre as decisões que estão diante de você neste momento. Em quem você busca direção? Coloque as suas opções perante Deus e fique atenta para ouvir a voz do Senhor.

MINHAS REFLEXÕES

VOCÊ É PERFEITA

Pare, volte e releia isso. Você é perfeita. Ao se olhar no espelho ou lembrar-se do seu dia, é fácil esquecer essas palavras ou não acreditar nelas. Não permita que isso aconteça. Uma ruga aqui, uma cicatriz ali, uma palavra grosseira ou um pensamento invejoso não podem mudar a forma como o Pai a vê. E é assim que ele deseja que você veja a si mesma também.

O dicionário usa mais de duzentas palavras para explicar o significado do termo perfeito, porém só precisamos saber disto: somos completas. Quando Cristo decidiu morrer na cruz pelos nossos pecados, ele levou todas as imperfeições daqueles que o amam. Jesus consumou aquilo que nós nunca seríamos capazes de fazer: ele nos tornou perfeitas.

> "Porque, por meio de um único sacrifício, ele aperfeiçoou para sempre os que estão sendo santificados."
>
> Hebreus 10.14

Se possível, vá até o espelho onde você mais se olha. Fique de pé na frente dele e peça a Deus que lhe mostre o que ele vê quando olha para você. Não se concentre em suas imperfeições, mágoas, rancores — não se concentre em nenhum defeito visível. Veja a si mesma completa, exatamente como o Senhor quer que você seja. Enxergue-se como uma pessoa perfeita.

MINHAS REFLEXÕES

VOCÊ É AMADA

É bom ser amada, não é? Que sentimento pode se comparar quando sabemos que alguém correu pela chuva, cancelou um voo internacional, dirigiu a noite toda — por você? Mesmo que nunca tenhamos experimentado isso, podemos imaginar tais cenas em nosso coração. Ou então, sabemos que seríamos capazes de mover céu e terra por aquele a quem mais amamos. Quer seja marido, filho, pais, irmãos ou amigos, amar e ser profundamente amada talvez seja o melhor sentimento que existe.

A quantidade de amor que você já deu ou recebeu é uma mera amostra de como Jesus se sente em relação a nós. Você é mais estimada e amada do que pode imaginar. O único que pode, de fato, mover céus e terra, o faria em um piscar de olhos — por você.

> *"Pois estou convencido de que nem morte nem vida, nem anjos nem demônios, nem o presente nem o futuro, nem quaisquer poderes, nem altura nem profundidade, nem qualquer outra coisa na criação será capaz de nos separar do amor de Deus que está em Cristo Jesus, nosso Senhor."*
>
> Romanos 8.38-39

Deixe que essas palavras penetrem o seu espírito à medida que se dá conta de que não existe nada — absolutamente nada — que Jesus não faria por você. Consegue sentir o amor que ele tem por você?

MINHAS REFLEXÕES

CORAÇÃO PERTURBADO

Eu não tenho um minuto de paz. Soa familiar? Todas nós passamos por fases em que parece que toda situação esconde um novo desafio para a nossa serenidade, se é que conseguimos sentir um pouco de paz, para começar. Por que é tão difícil encontrar paz neste mundo? Justamente porque a estamos procurando neste mundo.

Depois de sua ressurreição, antes de subir ao céu, Jesus deixou os seus discípulos com algo que eles nunca haviam tido antes: paz. Mais especificamente, ele deu aos discípulos a sua paz, um presente que não pertence a este mundo. Tudo aquilo que o mundo pode nos oferecer também pode ser tirado de nós. Qualquer segurança, felicidade ou alívio temporário para o sofrimento é apenas isso: provisório. Somente as coisas do céu são permanentes e não podem ser retiradas.

> "Deixo a paz a vocês; a minha paz dou a vocês. Não a dou como o mundo a dá. Não se perturbe o seu coração, nem tenham medo."
>
> João 14.27

Jesus nos diz para que não deixemos que o nosso coração se perturbe. Isso significa que temos escolha. Compartilhe com ele aquilo que ameaça a sua paz e, em seguida, lembre-se de que essas coisas não a dominam. Você pertence a Cristo e a paz dele é sua. De que maneira você pode escolher a paz em meio à situação que está enfrentando hoje?

MINHAS REFLEXÕES

OUVINDO DEUS

A melhor maneira de sabermos se alguma coisa é verdadeira, é ouvindo com os próprios ouvidos — direto da fonte. Você acha que foi muito bem na entrevista, mas só acredita mesmo que conseguiu o emprego quando recebe a ligação. Sente que pode estar grávida, mas espera o resultado dos exames antes de contar para qualquer pessoa. O mesmo acontece com as notícias ruins, de preferência. Você ouve um boato a respeito da insensatez de uma amiga, mas escuta primeiro o seu lado da história, antes de acreditar em uma só palavra do que está sendo dito.

E quanto a Deus? Como podemos ouvi-lo? Como podemos discernir qual é a sua vontade para a nossa vida? Podemos não ter um número de telefone, mas temos o seu livro. Deus fala conosco por meio da sua Palavra. Portanto, se você está buscando confirmação, direção ou confiança, pegue sua Bíblia. Leia e escute.

> "Consequentemente, a fé vem por se ouvir a mensagem, e a mensagem é ouvida mediante a palavra de Cristo."
>
> Romanos 10.17

Com que frequência você escuta Deus falar com você por intermédio das Escrituras? As suas conversas com o Senhor são tão frequentes e significativas quanto gostaria? Abra o seu coração para o Pai agora mesmo e ouça a resposta dele.

MINHAS REFLEXÕES

NADA A TEMER

Um som de batida forte no meio da noite. Passos se aproximando de você em um estacionamento escuro. O toque do telefone às três horas da madrugada. Não importa o quão corajosas nos consideremos, algumas situações aceleram nosso coração. Já ouvimos, repetidas vezes, que não temos nada a temer se temos a Deus, mas sejamos honestas: algumas situações são assustadoras! Então o que significa não ter nada a temer?

Lembremo-nos das palavras de Davi, no Salmo 56. Quando tivermos medo, e nós teremos, poderemos entregar a nossa situação ao Senhor e permitir que ele nos livre de todo o medo. Observe que o salmista não diz que Deus mudará a situação, mas sim a maneira como reagimos a ela. Não temos nada a temer, não porque não enfrentamos situações assustadoras, mas porque o Criador apaga as nossas preocupações, substituindo-as por confiança.

> *"Mas eu, quando estiver com medo, confiarei em ti. Em Deus, cuja palavra eu louvo, em Deus eu confio, e não temerei. Que poderá fazer-me o simples mortal?"*
>
> Salmo 56.3-4

Do que você tem medo? Já tentou, de verdade, se livrar desse medo? Se não, por quê? Converse com Deus sobre isso.

MINHAS REFLEXÕES

O POÇO DE PACIÊNCIA

Sejamos honestas: não somos boas na arte da espera atualmente. No entanto, a realidade é que a espera é uma parte necessária da vida. Esperamos pelas pessoas, por acontecimentos, aguardamos até pela realização dos nossos desejos. Mas será que nos damos conta de que a espera também se aplica a nossa vida emocional? Nós nos agarramos à esperança de que podemos ser resgatadas de nosso coração aflito?

O rei Davi afirmou estar em um atoleiro de lama, provavelmente em mais um de seus momentos de desespero, talvez ao refletir sobre os seus pecados. Ele precisava ser resgatado, não necessariamente de seus inimigos, mas do seu estado de espírito. Davi afirma que esperou pacientemente, pois compreendia que talvez não fosse resgatado de imediato. Ele também confiou que apenas Deus poderia salvá-lo.

> *"Depositei toda a minha esperança no SENHOR; ele se inclinou para mim e ouviu o meu grito de socorro."*
>
> Salmo 40.1

Você sente como se as suas emoções estivessem em terreno escorregadio, ou que os seus pensamentos estão no atoleiro de lama? Está disposta a esperar pacientemente até que o grande salvador a erga e coloque os seus pés em terra firme? Reserve um tempo hoje para pedir a ajuda de Deus, reconheça a necessidade da espera e confie no resgate do Senhor.

MINHAS REFLEXÕES

CRIATURAS DE HÁBITO

Acordar. Fazer a cama. Se vestir. Tomar café. Nem sempre nessa ordem, mas sabemos que muitas pessoas fazem essas coisas todas as manhãs. Elas, muitas vezes, também roem as unhas, se irritam com facilidade e dormem muito tarde. É difícil quebrar os padrões. Somos, afinal de contas, criaturas de hábito e, infelizmente, nem todas essas rotinas são boas.

O que você faz quando percebe um padrão que não é positivo? Reconhece quando faz algo simplesmente porque se sente aceita, confortável ou no controle? Às vezes não estamos sequer conscientes de nossos hábitos até tentarmos mudá-los.

A Palavra diz que, para estabelecermos o padrão certo, devemos renovar a nossa mente. Isso significa que precisamos, em primeiro lugar, reconhecer a necessidade de mudança para, então, transformarmos a nossa forma de pensar.

> *"Não se amoldem ao padrão deste mundo, mas transformem-se pela renovação da sua mente, para que sejam capazes de experimentar e comprovar a boa, agradável e perfeita vontade de Deus."*
>
> Romanos 12.2

Você pode confiar em Deus hoje, entregando a ele os seus hábitos mundanos para conhecer a sua boa, perfeita e agradável vontade?

MINHAS REFLEXÕES

PENSE NO QUE É BOM

Você, às vezes, se pega pensando nas coisas negativas da vida? Mostramos indiferença quando alguém nos dá uma boa notícia, mas gastamos horas falando sobre brigas, preocupações e decepções. É bom falar sobre as coisas que não vão bem em nossa vida, mas isso pode nos fazer cair na armadilha de fixar nossa mente nas coisas erradas.

Paulo percebeu a necessidade de falar sobre isso à igreja de Filipos. Parece que havia pessoas arrogantes naquele lugar que permitiam que a discórdia tomasse conta. Reflita sobre o que acontece quando nos fixamos nas coisas negativas: surgem sentimentos de desespero, desânimo e falta de confiança em um Deus que é bom, verdadeiro e justo.

> *"Finalmente, irmãos, tudo o que for verdadeiro, tudo o que for nobre, tudo o que for correto, tudo o que for puro, tudo o que for amável, tudo o que for de boa fama, se houver algo de excelente ou digno de louvor, pensem nessas coisas."*
>
> Filipenses 4.8

Você precisa pedir perdão por guardar muita coisa negativa no coração? É capaz de encontrar algo em sua vida e na de outras pessoas que tenha alguma virtude ou que seja digna de elogio? Escolha pensar nas coisas verdadeiras, nobres, justas, puras e agradáveis e experimente, assim, a natureza refrescante de uma perspectiva positiva.

MINHAS REFLEXÕES

CONFIE DE TODO CORAÇÃO

A *confiança* pode ser difícil de ser colocada em ação, em grande parte porque a nossa experiência com as pessoas nos mostra que podemos nos decepcionar. As pessoas nos desapontam de diversas maneiras. Além disso, podemos até nos desiludir com nós mesmos.

Sabe aquela brincadeira da confiança, em que a pessoa deve fechar os olhos e se jogar para trás, nos braços de alguém que deve segurá-la? Existe risco nessa brincadeira e ela nem sempre dá certo. Nada pode ser completamente garantido nesta vida, não é? Bem, depende de onde você coloca a sua confiança.

> *"Confie no SENHOR de todo o seu coração e não se apoie em seu próprio entendimento; reconheça o SENHOR em todos os seus caminhos, e ele endireitará as suas veredas."*
>
> Provérbios 3.5-6

Deus nos protege, cuida de nós e se envolve em nossa vida. Quando reconhecemos que todas as coisas boas vêm dele, a nossa fé é fortalecida e somos capazes de confiar ainda mais no Senhor. Tente perceber como Deus endireita as suas veredas hoje e agradeça a ele por ser digno de confiança.

MINHAS REFLEXÕES

UM AMOR SEM MEDO

O nosso Deus é maravilhoso. Ele é todo-poderoso e santo. Quando nos comparamos a tal grandeza, podemos nos sentir desanimadas com nossa própria insignificância. Deus é o autor da vida e da morte e é ele quem determina a nossa eternidade!

Sabemos, no entanto, que Deus é amor, e, por causa do seu amor, o Senhor criou uma forma de nos aproximarmos dele com ousadia. Ele nos tornou justos e santos por intermédio da redenção de Cristo. Não temos mais medo do castigo de um Deus poderoso. O amor humano pode conter medo, pois não é perfeito. Pode trazer decepção, é passível de ser retirado e pode criar um desequilíbrio que destaque as nossas inseguranças.

> *"No amor não há medo; ao contrário, o perfeito amor expulsa o medo, porque o medo supõe castigo. Aquele que tem medo não está aperfeiçoado no amor."*
>
> 1João 4.18

Você compara o amor que Deus tem por você com o amor terreno? Reconheça a sua dificuldade para aceitar o amor perfeito do Criador. Permita-se amar e ser amada, sem medo.

MINHAS REFLEXÕES

PERFEITAS EM NOSSAS FRAQUEZAS

Você já fez um daqueles testes de personalidade para identificar os seus pontos fortes e fracos? Provavelmente sabe se é uma pessoa introvertida ou extrovertida, criativa, administrativa, boa para falar ou para escutar. Provavelmente você também conhece muito bem os seus pontos fracos. Talvez você seja uma pessoa crítica demais, insegura, desorganizada ou pouco carismática.

Paulo, no entanto, disse que preferia se gloriar nas suas fraquezas! O apóstolo sabia que eram as suas fraquezas que faziam com que ele confiasse no poder do Espírito Santo.

> *"Minha graça é suficiente a você, pois o meu poder se aperfeiçoa na fraqueza. Portanto, eu me gloriarei ainda mais alegremente em minhas fraquezas, para que o poder de Cristo repouse em mim."*
>
> 2Coríntios 12.9

Você talvez esteja enfrentando alguma situação preocupante, pois está fora da sua zona de conforto. Lembre-se de que Deus pode brilhar por seu intermédio se você reconhecer a sua total dependência do Espírito Santo. Na verdade, não nos gloriamos em nossas fraquezas, mas sim no poder de Cristo, que é revelado por meio delas. Lembre-se de que Deus pode brilhar por seu intermédio se você reconhecer a sua total dependência no Espírito Santo.

MINHAS REFLEXÕES

ESTRESSE

Todas nós estamos bem familiarizadas com o estresse. Há muitas coisas em nossa vida que trazem preocupações, pressões e ansiedade. O mundo nos apresenta constantemente a coisas desconhecidas e problemas que roubam a nossa alegria e a nossa paz.

Quando entramos na presença de Deus e dedicamos tempo à sua palavra, conseguimos nos livrar do estresse e entregar os nossos problemas em suas mãos. O Senhor nos concede uma paz que nada neste mundo é capaz de oferecer. Ele deseja nos preparar para o seu reino eterno e, como resultado disso, a sua presença nos concede esperança e alegria duradoura, algo completamente oposto às coisas estressantes desta vida.

> *"Os que amam a tua lei desfrutam paz, e nada há que os faça tropeçar."*
>
> Salmo 119.165

Passe um tempo na presença do Senhor hoje e permita que ele derrame paz em seu coração. Concentre-se na sua verdade e no seu poder, em vez de nos seus problemas e dificuldades. Deus pode tirar tudo o que está perturbando o seu coração hoje e trocar por uma paz que excede a sua compreensão.

MINHAS REFLEXÕES

COMPARAÇÃO

Na era das mídias sociais, a comparação se tornou mais comum a nós do que jamais foi. Quando todas as fotos que vemos das pessoas são editadas, passam por filtros de imagem e são, finalmente, postadas, caímos na ilusão de que aquelas vidas que vemos expostas ali são perfeitas. Acreditamos que os rostos que vemos sorridentes nas fotos estão sempre sorridentes, e que aquelas casas perfeitas com lindas iluminações estão sempre organizadas e impecáveis.

O perigo dessas imagens filtradas é que nos comparamos com algo que não é real. Não vemos a vida fora daquelas fotos. Não testemunhamos as bagunças, dificuldades e imperfeições que são parte inevitável da vida — até daquelas que parecem perfeitas.

> *"Cada um examine os próprios atos, e então poderá orgulhar-se de si mesmo, sem se comparar com ninguém."*
>
> Gálatas 6.4

Deus deseja que você esteja dedicada àquilo que ele tem para sua vida, sem se distrair ou se comparar com aquilo que as outras pessoas estão fazendo. Ao mergulhar de cabeça na sua própria existência, você estará dizendo sim à satisfação, e avançando para maiores realizações e alegrias.

MINHAS REFLEXÕES

VULNERABILIDADE

Algumas das maiores e melhores mudanças em nossa vida vêm de momentos de vulnerabilidade: quando colocamos todas as cartas na mesa, por assim dizer, e mostramos a alguma pessoa o quanto ela significa para nós. Contudo, a vulnerabilidade possui um ingrediente fundamental: a humildade. E a humildade não é uma coisa fácil.

Às vezes, não parece mais fácil fingir que nada aconteceu do que encarar o fato de que agimos de maneira errada e fomos injustas com alguém? Nem sempre é fácil nos humilharmos para resolver uma discussão — especialmente quando isso significa que devemos admitir os nossos erros.

> *"Mas ele nos concede graça maior. Por isso diz a Escritura: 'Deus se opõe aos orgulhosos, mas concede graça aos humildes.'"*
>
> Tiago 4.6

Como você se comporta diante de conflitos? Evita se desculpar em prol das aparências? O seu orgulho a impede de colocar-se em uma posição de vulnerabilidade? Está disposta a se humilhar a fim de restaurar os seus relacionamentos? Deus promete favor e sabedoria aos humildes. O que você pode fazer hoje para se humilhar em prol da restauração de um relacionamento?

MINHAS REFLEXÕES

IMPOSSÍVEL

O que parece impossível para você hoje? Do que desistiu, se afastou ou passou a considerar absurdo? Quais sonhos deixou morrer simplesmente por sentir serem inalcançáveis?

Talvez os nossos sonhos, por mais distantes que pareçam, tenham sido colocados em nosso coração por um motivo. E talvez eles não se assemelhem exatamente àquilo que havíamos imaginado, mas quiçá se realizem de uma maneira diferente. Talvez aquelas coisas que parecem intransponíveis para nós possam ser facilmente superadas se simplesmente tivermos uma perspectiva diferente.

> *"Vejam, estou fazendo uma coisa nova! Ela já está surgindo! Vocês não a reconhecem? Até no deserto vou abrir um caminho e riachos no ermo."*
>
> Isaías 43.19

Amada, você serve a um Deus que é poderoso o bastante para abrir um caminho e riachos no ermo. Ele é mais do que capaz de resolver as situações mais impossíveis e conceder sabedoria, direção e maneiras de superá-las. Confie no Senhor diante de suas circunstâncias impossíveis e na força dele para superar suas fraquezas.

MINHAS REFLEXÕES

COMPLETAMENTE VIVAS

A vida cotidiana pode sugar a vida que existe dentro de nós. Em algum lugar entre o trânsito, a faxina e todas as tarefas diárias, podemos nos esquecer de viver.

O que significa estar realmente vivo, em vez de simplesmente existir? Não apenas existir na vida, mas conhecê-la, compreendê-la, experimentá-la — vivê-la. Qual seria a sensação? Pular de paraquedas de um avião? Correr pela grama descalça com o sol no rosto? Dar à luz, com gritos de força e vida? Como seria se vivêssemos todos os momentos da vida com o espírito desses momentos emocionantes?

> *"Onde não há revelação divina, o povo se desvia; mas como é feliz quem obedece à lei!"*
>
> Provérbios 29.18

Sem uma razão para viver, sem propósito, perecemos. Sucumbimos. Perdemos o estímulo e as esperanças. Passamos a simplesmente existir, em vez de viver plenamente. Precisamos renovar a nossa visão pela vida diariamente. Abra sua mente e seu coração para a visão que Deus tem para você. Se o Criador colocou sonhos no seu coração que acabaram perdidos pelo caminho, confie que eles serão devolvidos a você. O Senhor soprou vida para que você a vivesse ao máximo.

MINHAS REFLEXÕES

UMA SAÍDA

Todas nós enfrentamos tentações. Ninguém está isenta disso. De fofocas a gulas, pensamentos maldosos e assim por diante, lutamos contra as tentações de todas as maneiras.

A boa notícia é que servimos a um Deus fiel que ama muito os seus filhos e filhas! A Bíblia diz que o Altíssimo não permitirá que enfrentemos tentações maiores do que possamos suportar. Quando nos voltamos ao Senhor em meio às nossas lutas, podemos encontrar uma saída.

> *"Não sobreveio a vocês tentação que não fosse comum aos homens. E Deus é fiel; ele não permitirá que vocês sejam tentados além do que podem suportar. Mas, quando forem tentados, ele mesmo providenciará um escape, para que o possam suportar."*
>
> 1Coríntios 10.13

Prepare-se para a luta em oração por proteção. Peça que o Senhor abra os seus olhos para ver possíveis pontos fracos, para que esteja preparada e enfrente as tentações de cabeça erguida. Embora a tentação venha em sua direção, esteja certa de que ela não irá vencê-la se confiar em Deus em tudo o que fizer.

MINHAS REFLEXÕES

ELE OUVE

Às vezes pode parecer que Deus está distante: um homem ininteligível nos céus, que está tão acima de nós que não pode estar interessado em nossa vida cotidiana. Os nossos desejos e pedidos parecem tão pequenos em comparação à sua grandeza, que não parecem certos.

No entanto, ele é um Deus que ama os seus filhos. Ele quer que sejamos felizes e realizados. Quando nos aproximamos dele com os nossos desejos e necessidades, o Senhor nos ouve! A próxima vez que sentir que os seus pedidos são muito insignificantes para Deus, lembre-se de que ele está sempre nos ouvindo. Embora, talvez, ele não responda como você imaginava, está ao seu lado, pronto para ouvi-la.

> "Esta é a confiança que temos ao nos aproximarmos de Deus: se pedirmos alguma coisa de acordo com a vontade de Deus, ele nos ouvirá. E se sabemos que ele nos ouve em tudo o que pedimos, sabemos que temos o que dele pedimos."
>
> 1João 5.14-15

Permita ser preenchida pela presença de Deus hoje. Ele nos ama e quer o melhor para nós. Se pedirmos de acordo com a sua vontade, ele nos ouvirá.

MINHAS REFLEXÕES

DESCANSE TRANQUILA

Não importa onde você esteja, Deus está com você. Embora haja momentos em que desejamos nos esconder dele, por vergonha, ele está sempre presente. A coisa mais linda sobre a sua onipresença é que temos um companheiro firme e constante, sempre pronto a ajudar em momentos difíceis.

Não temos motivo para temer as coisas que podemos enfrentar nesta vida. Temos o melhor protetor de todos ao nosso lado! Você tem pedido a ajuda dele em tempos de necessidade e preocupação ou tem se voltado para dentro de si em busca de ajuda?

> "Sempre tenho o SENHOR diante de mim. Com ele à minha direita, não serei abalado. Por isso o meu coração se alegra e no íntimo exulto; mesmo o meu corpo repousará tranquilo."
>
> Salmo 16.8-9

Permita que Deus seja o seu refúgio. Nada é grande ou pequeno demais para o Criador! Mesmo durante os momentos mais difíceis, você pode experimentar a verdadeira alegria, pois ele é o seu protetor. Lance sobre o Senhor as suas preocupações e angústias, pois ele é mais do que capaz de lidar com elas. Descanse no Todo-poderoso.

MINHAS REFLEXÕES

MELODIA DE ADORAÇÃO

Você já ouviu a canção do seu coração louvando ao Senhor? Podem não existir palavras, refrão ou versos, mas, ainda assim, parece que o seu ser vai explodir com louvores de adoração. Você não é a única! O próprio céu louva ao Altíssimo dessa maneira!

A Bíblia diz que, sem palavras e nenhum som, os céus explodem com uma canção de adoração pela glória de Deus. Isso não é incrível? Consegue imaginar uma orquestra acima de você?

> "Os céus declaram a glória de Deus; o firmamento proclama a obra das suas mãos. Um dia fala disso a outro dia; uma noite o revela a outra noite. Sem discurso nem palavras, não se ouve a sua voz. Mas a sua voz ressoa por toda a terra, e as suas palavras, até os confins do mundo. Nos céus ele armou uma tenda para o sol."
>
> Salmo 19.1-4

Cante a sua canção! Permita que o seu coração sinta as palavras, mesmo que não consiga formulá-las. Ofereça a Deus todos os seus louvores hoje. Ele merece! Deixe que o seu coração seja uma celebração do seu amor por Jesus Cristo. Entregue-se à melodia que existe dentro de você.

MINHAS REFLEXÕES

BONDADE INFALÍVEL

Lembra-se da primeira vez em que você falhou? Talvez tenha sido em uma prova na escola, uma dieta, uma entrevista de emprego ou até mesmo em um relacionamento. É difícil admitirmos as falhas, especialmente em uma cultura que valoriza o sucesso e a aparência exterior. Ouvimos muito que o sucesso vem depois de muitos erros, mas só ouvimos isso de pessoas muito bem-sucedidas!

Quando Josué estava com "idade avançada", lembrou aos israelitas tudo o que o Senhor havia feito por eles. Apesar de eles terem sido infiéis a Deus muitas vezes, o Altíssimo permaneceu fiel, e eles se transformaram em uma nação a que ninguém poderia resistir.

> *"Agora estou prestes a ir pelo caminho de toda a terra. Vocês sabem, lá no fundo do coração e da alma, que nenhuma das boas promessas que o Senhor, o seu Deus, lhes fez deixou de cumprir-se. Todas se cumpriram; nenhuma delas falhou."*
>
> Josué 23.14

Deus tinha um plano e um propósito para a nação de Israel e, através do poder e da misericórdia do Senhor, o Altíssimo se certificou de que esses planos fossem cumpridos. Da mesma forma, o Criador tem um plano para a sua vida e, embora você possa falhar, ele não falhará. Aproveite a oportunidade hoje de submeter seu coração à vontade do Senhor. Saiba que os planos de Deus para a sua vida nunca falharão.

MINHAS REFLEXÕES

FONTES ETERNAS

Não valorizamos o fato de que quando ligamos a torneira, a água sai. Quando precisamos de algo para beber, podemos matar nossa sede sem dificuldades. Nos tempos de Jesus, porém, as pessoas — normalmente mulheres — precisavam buscar água no poço que, muitas vezes, ficava bem longe de suas casas. Era necessário um trabalho diário para satisfazer as necessidades das famílias.

Imagine, naquele tempo, receber a oferta de uma água que duraria para sempre. Foi isso que Jesus ofereceu à mulher no poço. Ela nunca mais precisaria enfrentar aquela viagem até o poço, debaixo do sol. Ela queria satisfazer essa necessidade. Jesus comparou a aspiração daquela mulher a um desejo espiritual: assim como o poço era uma fonte de vida física, Cristo era a fonte de vida eterna.

> "Mas quem beber da água que eu lhe der nunca mais terá sede. Ao contrário, a água que eu lhe der se tornará nele uma fonte de água a jorrar para a vida eterna."
>
> João 4.14

Você recebeu Jesus como fonte de sua vida. Ele não apenas promete lhe oferecer água eterna, mas lhe diz que essa água será como uma fonte. Você é grata pela vida eterna que Cristo colocou dentro de você? Lembre-se de fazer do Senhor a sua fonte de vida hoje.

MINHAS REFLEXÕES

A PALAVRA

Enfrentamos muita oposição em nossa busca diária por Cristo. Nós nos desviamos com bastante facilidade por causa das coisas deste mundo, das nossas lutas emocionais e da nossa batalha contra o pecado. Sem a verdade da Palavra viva e ativa de Deus, nós nos tornamos indefesos para sermos bem-sucedidos em nossa vida cristã.

A Palavra de Deus é a nossa melhor defesa contra a desesperança, o medo e o pecado — e, ao mesmo tempo, é a nossa melhor arma contra a tentação, as mentiras e o inimigo de nossas almas.

> *"Como pode o jovem manter pura a sua conduta? Vivendo de acordo com a tua palavra. Eu te busco de todo o coração; não permitas que eu me desvie dos teus mandamentos. Guardei no coração a tua palavra para não pecar contra ti."*
>
> Salmo 119.9-11

Estabeleça uma meta de memorizar as Escrituras, as quais poderão ajudá-la em sua vida diária. Cole versículos em seu calendário, pendure passagens bíblicas em sua geladeira e emoldure textos da Bíblia em suas paredes. A Palavra de Deus é o livro mais útil, instrutivo e poderoso que você jamais encontrará. Devore-o, absorva-o, conheça-o e viva-o.

MINHAS REFLEXÕES

ATAREFADA

A nossa vida é tão atribulada que muitas vezes temos dificuldades de encontrar tempo para dedicar a Jesus. Temos tantas coisas que demandam a nossa atenção, que pode ser difícil separar uma parte do nosso dia a Deus.

Deus, que existe desde a eternidade, não é limitado pelo tempo. E, como ele não está preso ao tempo, este não o limita da mesma maneira que nos restringe. Quando separamos poucos minutos para estar em sua presença em meio a nossas agendas agitadas, o Criador nos encontra ali e compartilha grandes verdades conosco.

> *"Havia muita gente indo e vindo, ao ponto de eles não terem tempo para comer. Jesus lhes disse: 'Venham comigo para um lugar deserto e descansem um pouco.'"*
>
> Marcos 6.31

Nos dias em que você sente que não tem tempo sequer para comer, peça a Deus que lhe conceda graça para encontrar alguns momentos para estar na presença dele. O Criador fala quando abrimos nosso coração à sua verdade — mesmo em meio à agitação do nosso dia a dia.

MINHAS REFLEXÕES

PALAVRA VIVA

Já percebeu Deus falando com você por intermédio de temas? Todas nós passamos por diferentes fases na vida, e o Criador fala ao nosso coração de acordo com elas. Algumas pessoas podem estar passando por uma fase em que precisam aprender a esperar, enquanto outras podem estar sendo instruídas a dar um passo de fé. Contudo, o Senhor é poderoso para falar com cada uma de nós — em qualquer fase — ao mesmo tempo e usando as mesmas palavras.

A Palavra de Deus é viva e ativa. Fala verdades ao coração de todas as pessoas. Duas pessoas podem interpretar coisas diferentes de uma mesma passagem bíblica, dependendo do que o Senhor está fazendo em seu coração. Pelo corpo de Cristo, podemos nos unir e compartilhar aquilo que Deus tem nos ensinado — multiplicando, assim, o nosso amadurecimento enquanto encorajamos uns aos outros.

> *"Pois a palavra de Deus é viva e eficaz, e mais afiada que qualquer espada de dois gumes; ela penetra até o ponto de dividir alma e espírito, juntas e medulas, e julga os pensamentos e intenções do coração."*
>
> Hebreus 4.12

Nunca duvide do poder da Palavra de Deus. O seu Criador a conhece muito intimamente, pois foi ele quem a criou — e ele se preocupa o suficiente com você para falar diretamente ao seu coração por intermédio de sua palavra viva. O que ele está falando com você hoje?

MINHAS REFLEXÕES

LIBERDADE DESCOMPLICADA

Complicamos demais a liberdade na vida cristã. Por meio de nossos legalismos, tentamos encontrar uma maneira de humanizar a obra redentora da cruz, simplesmente porque não conseguimos compreender o caráter sobrenatural de Deus.

Pode ser difícil compreendermos a graça completa oferecida no Calvário, porque somos incapazes de oferecer esse tipo de favor imerecido. No entanto, quando o Criador diz que esqueceu completamente os nossos pecados e nos fez novas criaturas, ele está falando a verdade. Deus é amor, e o amor não guarda rancor. Nada pode nos separar do seu amor. A salvação rasgou o véu que nos separava da santidade do Senhor. Essa obra não pode ser diminuída ou apagada por nada que fizermos.

> "Como se fossem uma nuvem, varri para longe suas ofensas; como se fossem a neblina da manhã, os seus pecados. Volte para mim, pois eu o resgatei."
>
> Isaías 44.22

A liberdade é, realmente, simples assim. A beleza do Evangelho pode ser resumida neste único conceito — graça, embora não merecida, oferecida sem restrições. Você consegue aceitá-la hoje?

MINHAS REFLEXÕES

CASTELOS DE AREIA

Você já esteve na praia e observou uma criança construir, incansavelmente, um castelo de areia? Elas passam horas aperfeiçoando a sua criação, construindo cuidadosamente cada parte do castelo e se afastando para admirar seu trabalho. Porém elas não têm consciência das ondas do mar e não se dão conta de que, com o passar do dia, a sua obra-prima será levada pela maré. Todo o seu trabalho, concentração e orgulho irão embora com o varrer das ondas.

Quais castelos estamos construindo em nossa vida que podem, a qualquer momento, ser desfeitos? Precisamos ver o contexto mais amplo e saber o que é duradouro e o que não é. Existem reinos temporários e um único reino que durará para sempre. Precisamos analisar em qual deles estamos investindo.

> *"Não acumulem para vocês tesouros na terra, onde a traça e a ferrugem destroem, e onde os ladrões arrombam e furtam. Mas acumulem para vocês tesouros nos céus, onde a traça e a ferrugem não destroem, e onde os ladrões não arrombam nem furtam. Pois onde estiver o seu tesouro, aí também estará o seu coração."*
>
> Mateus 6.19-21

Se o seu trabalho e o seu coração estiverem investidos em uma visão celestial, então eles ainda terão importância mesmo quando você não estiver mais aqui. Dedique seu tempo para investir na alma eterna das pessoas, no avanço do Reino de Deus e na verdade eterna do evangelho. Nessas coisas, você encontrará propósito e um tesouro que dura para sempre. Qual é o seu tesouro hoje?

MINHAS REFLEXÕES

ARMÁRIO DE TEMPEROS

Qualquer pessoa que goste de cozinhar tem um armário de temperos — aquele espaço onde todas as especiarias ficam guardadas, perto do fogão. Alguns temperos são usados regularmente: alho, sal e pimenta. Há também outros temperos que talvez sejam utilizados com menos frequência: cardamomo, estragão e erva-doce. Apesar de tais temperos acumularem poeira no fundo do armário de temperos, nós, mesmo assim, contamos com eles para ressaltar os sabores certos em algumas receitas.

A vida é muito parecida com esse armário de temperos. Guardamos as nossas experiências como especiarias: algumas fazem muito sentido — como o sal e a pimenta — e nós as usamos frequentemente, reconhecendo, claramente, a utilidade delas. Outras experiências são mais sutis e não declaradas; às vezes passamos anos sem entender por que as vivemos. Contudo, em um determinado momento, a receita da nossa vida precisa de um pouco de açafrão. Então, de repente, tudo faz sentido. Aquela experiência que tivemos — aquela que pensamos ter vivido por acidente — será a única relevante para aquele momento específico.

> *"Sabemos que Deus age em todas as coisas para o bem daqueles que o amam, dos que foram chamados de acordo com o seu propósito."*
>
> Romanos 8.28

Talvez exista uma fase de sua vida que você não entende bem. Pode olhar para essa experiência e enxergar apenas fracasso e desperdício. Quando não conseguir entender por que algo aconteceu, lembre-se de que Deus age em todas as coisas para o seu bem, pois o Senhor a ama.

MINHAS REFLEXÕES

SUSTENTADA

Sempre existe um motivo para preocupação, não é? Quer seja saúde, dinheiro, relacionamentos ou simplesmente detalhes, há muitas incógnitas na vida que podem nos deixar apreensivas. Mas, e se parássemos de nos preocupar? E se parássemos de questionar e decidíssemos sentir paz? E se pudéssemos confiar completamente que Deus cuida de nós e daqueles a quem amamos? O Senhor é a nossa rocha e aquele que nos sustenta.

As palavras do Salmo 3 podem nos trazer conforto e paz quando estamos com medo. Elas demonstram a graça de Deus: a proteção e segurança de suas mãos. O versículo, porém, vai além da paz e do consolo e fala sobre poder do Altíssimo. Nós só acordamos pela manhã por causa do seu poder que nos sustenta. Quando confiamos e cremos neste Deus que possui o poder de vida e morte, o que temos a temer? A nossa vida está em suas mãos. Não podemos mudar esse fato. Devemos, portanto, descansar nele.

"Eu me deito e durmo, e torno a acordar, porque é o SENHOR que me sustém."

Salmo 3.5

Haverá muitas incógnitas em sua vida. Haverá momentos em que sentirá que puxaram o seu tapete e que não há nada que possa fazer, a não ser se desesperar. Durante esses momentos que não podemos controlar, podemos confiar. Você pode descansar a sua alma, a sua mente e o seu corpo nas mãos daquele que tem o poder de sustentá-la.

MINHAS REFLEXÕES

TROPEÇANDO NO ESCURO

Você já andou em um lugar completamente escuro? Esbarra nas coisas, as derruba e, muitas vezes, não consegue sequer saber exatamente onde está. Tudo fica confuso na escuridão. Sem a luz para nos guiar, não conseguimos ver para onde estamos indo e o que estamos encontrando no caminho.

Ao longo da Bíblia, muitas vezes Deus compara a vida em pecado com a escuridão. Quando mergulhamos no pecado, rejeitando a luz da verdade, não conseguimos ver o que está diante de nós. A escuridão embaça nossos pensamentos e nossa lógica e não somos sequer capazes de determinar quais pecados estão vindo em nossa direção. Ao permitir que mensagens pecaminosas entrem em nossa alma, por intermédio de diferentes meios, perdemos a capacidade de administrar a nossa vida.

> *"Nele estava a vida, e esta era a luz dos homens. A luz brilha nas trevas, e as trevas não a derrotaram."*
>
> João 1.4-5

Quando a iniquidade começa a dominar a sua vida, você perde a capacidade de reconhecer o que a faz pecar. Esforce-se para manter a sua alma sensível à verdade. Mantenha-se na luz, por intermédio da Palavra de Deus.

MINHAS REFLEXÕES

GRATIDÃO

Já reparou que, quando estamos de férias, parece que nosso coração fica mais leve? Que você se preocupa menos e fica mais agradecida? Quando cultivamos um coração grato, toda a nossa forma de ver a vida pode mudar. Quando somos agradecidos ao Senhor, passamos a ver a luz de Deus com muito mais clareza. Começamos a notar a presença dele em toda parte.

Um coração grato é aquele que se recusa a permitir a entrada do inimigo para nos enganar. De repente, as nossas circunstâncias não parecem mais tão terríveis, nem nossos problemas tão grandes. Um coração cheio de gratidão glorifica a Deus e nos mantém centrados no Altíssimo. Assim como acontece quando estamos de férias, podemos ter essa perspectiva todos os dias — mesmo em meio às situações mais banais.

> *"Tudo o que fizerem, seja em palavra ou em ação, façam-no em nome do Senhor Jesus, dando por meio dele graças a Deus Pai."*
>
> Colossenses 3.17

O que você pode fazer para começar a cultivar um coração grato? A gratidão nos mantém firmes em Cristo, em comunhão com ele, nos permitindo viver a vida abundante que o Senhor planejou para nós.

MINHAS REFLEXÕES

CENTRAL DO CORAÇÃO

As mídias sociais: uma fuga, um presente, uma ferramenta de comunicação, um ladrão de alegria, um provocador de comparações, um comediante, fonte de entretenimento. As mídias sociais podem ser divertidas! Porém são capazes de se transformar também em um ídolo quando não as reconhecemos como tal. De repente, em vez de abrirmos as nossas Bíblias, pegamos nossos celulares para conferir o Facebook, postar fotos e atualizar nosso status em busca de atenção e aprovação das pessoas, em vez de procurar agradar o nosso Criador.

O desejo de Deus para nossa vida é que o escolhamos acima de todas as coisas. Ele deseja ser o centro, alguém a quem recorremos constantemente, a fim de não nos desviarmos demais da presença dele. Em vez de buscar a aprovação das outras pessoas, vamos fixar os nossos olhos naquele que mais nos ama, cuja voz deveria ser a única a qual ouvimos.

> *"Portanto, já que vocês ressuscitaram com Cristo, procurem as coisas que são do alto, onde Cristo está assentado à direita de Deus. Mantenham o pensamento nas coisas do alto, e não nas coisas terrenas."*
>
> Colossenses 3.1-2

Em que coisas você escolhe gastar a maior parte do seu tempo? Quais dessas escolhas poderiam ser eliminadas para tornar Jesus o seu centro? Em uma vida agitada e cheia de decisões, é importante sabermos que aquele a quem recorremos é a nossa melhor opção — buscar a Deus e viver a vida ao lado do nosso Senhor.

MINHAS REFLEXÕES

A VOZ DO AMOR

Quando damos ouvidos a outras vozes, nós nos cansamos e somos desencorajadas rapidamente. As expectativas dos outros sobre como devemos viver, agir e ser são, muitas vezes, inalcançáveis. Existe apenas uma voz que importa, a voz de Deus, e ela pode vir de diversas formas.

O Senhor nos diz que somos amadas, valorizadas e estimadas. Somos suas filhas amadas, lindas criações suas. É essa voz que importa. É a ela que devemos recorrer quando sentimos que não somos boas o bastante.

> *"Todo aquele que o Pai me der virá a mim, e quem vier a mim eu jamais rejeitarei."*
>
> João 6.37

A que vozes você costuma dar ouvidos? Consegue ignorá-las e se concentrar apenas na única voz importante? Ele irá encorajá-la e a lembrará de que você é boa o bastante. Nada que possa fazer — ou deixar de fazer — servirá de motivo para que o Senhor a ame mais ou menos. Absorva essa verdade, para que possa abafar todas as outras vozes.

MINHAS REFLEXÕES

QUEBRE TODAS AS CORRENTES

Há uma chance para recomeçarmos — todos os dias, se for preciso. Do interior de nosso ser, podemos ser transformadas e o nosso coração, renovado. Somos capazes, basicamente, de sermos refeitas com a ajuda, a cura e a natureza transformadora de Cristo! Jesus morreu na cruz para nos dar uma vida livre das amarras do pecado, da falta de esperança e de qualquer corrente que queira nos prender. Em Cristo, somos livres.

Precisamos ouvir a verdade da promessa de Deus e, assim, interromper o ciclo de desesperança, derrota e escravidão ao pecado. Tudo o que precisamos fazer é nos ajoelhar e orar.

> *"Deus fez isso para que os homens o buscassem e talvez, tateando, pudessem encontrá-lo, embora não esteja longe de cada um de nós."*
>
> Atos 17.27

Há alguma área de sua vida em que precise receber libertação? Espere até que a voz de Deus penetre nas partes mais profundas e tristes do seu ser. O Senhor quer cuidar de você. Ele está buscando o seu coração.

MINHAS REFLEXÕES

GLORIOSO

As folhas mudam de verde para laranja e, depois, vermelho. A neve cai suavemente. Um nascer do sol com arco-íris. Um brotinho de planta nasce da terra. O cheiro da grama recém-cortada. O farfalhar das folhas nas árvores. O cheiro dos pinheiros na época do Natal. Nuvens brancas e cheias se movendo devagar. Os raios solares beijando a nossa face. É maravilhoso que o nosso Criador tenha feito tudo isso para ser apreciado por nós. É algo realmente glorioso.

No entanto, alguns dias passam sem que notemos qualquer uma dessas coisas. Esquecemos de desacelerar. Ignoramos esse mundo incrivelmente lindo que o Senhor criou para explorarmos e desfrutarmos. É incrível o que uma caminhada com uma amiga, uma corrida pela mata ou a sensação de andar descalça na grama podem fazer para a nossa alma.

"Proclamarão o glorioso esplendor da tua majestade, e meditarei nas maravilhas que fazes."

Salmo 145.5

Você costuma sair um pouco e apreciar tudo o que Deus criou? Na próxima vez em que se sentir um pouco ansiosa, desacelere, dê uma caminhada lá fora e absorva toda a presença do Senhor ao seu redor: na grama entre os seus dedos, no farfalhar das folhas nas árvores e nos raios de sol que beijam a sua face.

MINHAS REFLEXÕES

CONFIE NAS PEQUENAS COISAS

Deus nos deu uma dádiva enorme com a sua natureza fiel. Ele nos promete coisas e cumpre as suas promessas, sem falhar.

Parece mais fácil confiar em Deus nos momentos maiores e desesperadores. Mas, e quanto aos momentos do dia a dia? Aquelas situações em que assumimos o controle e desejamos fazer tudo por conta própria? Nesses momentos, podemos buscá-lo sem restrições. Se entregue, clame ao Senhor e peça que o Altíssimo a carregue em seus braços. Ele fará isso. Essas situações diárias que parecem tortas serão endireitadas. O Senhor a carregará, conforme prometeu.

> "Os que conhecem o teu nome confiam em ti, pois tu, SENHOR, jamais abandonas os que te buscam."
>
> Salmo 9.10

Como é lindo o nosso Deus! Ele dará a você um caminho firme se realmente confiar nele. Em que área é mais difícil para você confiar em Deus? Pratique abrir mão dela. Confie no Senhor.

MINHAS REFLEXÕES

OUVIDO DE DEUS

Deus a ouve. Quer você esteja gritando louvores de gratidão, chorando lágrimas de luto ou glorificando ao Senhor, o Altíssimo a ouve. Escuta. Não nos abandona ou ignora.

Ele ouve a sua voz, escuta o seu coração. Ele ouve os seus gritos, os seus sussurros e os seus pensamentos. Às vezes, isso parece assustador; sentimos como se precisássemos nos comportar de determinada maneira. Isso é uma mentira, não acredite nela. Deus nos aceita como somos e onde estamos. Não precisamos filtrar, fingir ou agradar. Ele nos recebe, nos ama e nos aceita do jeito que estamos neste momento.

> "Eu amo o SENHOR, porque ele me ouviu quando lhe fiz a minha súplica. Ele inclinou os seus ouvidos para mim; eu o invocarei toda a minha vida. As cordas da morte me envolveram, as angústias do Sheol vieram sobre mim; aflição e tristeza me dominaram. Então clamei pelo nome do SENHOR: Livra-me, SENHOR! O SENHOR é misericordioso e justo; o nosso Deus é compassivo. O SENHOR protege os simples; quando eu já estava sem forças, ele me salvou. Retorne ao seu descanso, ó minha alma, porque o SENHOR tem sido bom para você!"
>
> Salmo 116.1-7

Você crê que Deus a ouve? O que gostaria de dizer ao Criador agora mesmo? Ele é um Deus lindo e atencioso, que nos recebe como pecadores e segura em nossas mãos enquanto caminhamos rumo à salvação.

MINHAS REFLEXÕES

Descanse em Jesus

Você já ficou acordada quando parecia que todas as outras pessoas estavam dormindo? Talvez tenha precisado pegar um voo cedo da manhã e parecia que você era a única pessoa que poderia estar desperta naquele horário. Parece mágico, não é mesmo? É como se tivesse um segredo só seu. Quer você seja uma pessoa noturna, da manhã ou intermediária, há uma paz quando nos encontramos com Jesus em secreto — quando o seu mundo para por alguns momentos.

Independentemente do horário, quer seja levantando mais cedo, indo para a cama mais tarde, fazendo uma pausa no trabalho, nos estudos ou na tarefa de mãe, é durante esse tempo que renovamos as nossas forças. Precisamos de comida espiritual para superar cada dia.

> "Aquele que habita no abrigo do Altíssimo e descansa à sombra do Todo-poderoso pode dizer ao SENHOR: 'Tu és o meu refúgio e a minha fortaleza, o meu Deus, em quem confio.'"
>
> Salmo 91.1-2

Você consegue encontrar um tempo diário para buscar a presença de Jesus? Ele a encontrará lá e derramará sobre você paz, força e amor para sair e vencer o mundo.

MINHAS REFLEXÕES

MUDANÇA DE ESTAÇÃO

Você terá, sem dúvidas, diferentes fases em sua vida: etapas de desejos e contentamento, de desânimo e alegria, de mais e menos. Ser adulto significa se adaptar a novas formas de viver, e isso normalmente não acontece até a chegada da nova estação.

As fases podem ser difíceis. Exigem coragem, obediência, dedicação e, às vezes, uma mudança total em relação a todas as coisas confortáveis em nossa vida. Quando sentimos a iminência de uma mudança em nosso coração, geralmente significa que Deus está nos preparando algo diferente — uma transformação. Nessas fases da vida, o único que não mudará, não recuará e não nos deixará perdidas é o nosso Pai celestial.

> "Seja forte e corajoso! Mãos ao trabalho! Não tenha medo nem desanime, pois Deus, o SENHOR, o meu Deus, está com você. Ele não o deixará nem o abandonará até que se termine toda a construção do templo do SENHOR."
>
> 1Crônicas 28.20

Você sente a iminência da chegada de uma nova fase se aproximando? Como se sente em relação a isso? Seja corajosa! Deus não fará com que enfrente algo sem derramar sobre você a graça dele para vencer.

MINHAS REFLEXÕES

PAZ COMO UM RIO

Para onde você vai normalmente quando quer encontrar paz? Existe um lugar específico? Uma pessoa específica? Uma das maiores dádivas de Deus é a sua inegável e maravilhosa paz. É um poço profundo que vem quando conhecemos e experimentamos o amor de Jesus. Não importa onde estamos, para onde vamos ou o que estamos enfrentando, a sua paz é maior.

Vem, Senhor Jesus, vem.

Tente compreender como é profundo esse poço. A verdadeira e duradoura paz não pode ser encontrada no mundo ou nas pessoas ao seu redor. Embora elas possam ser reconfortantes, a paz verdadeira, transformadora e poderosa só pode vir do nosso Pai. E, ah, como o Criador ama quando vamos ao seu poço.

> "Eu sou o SENHOR, o seu Deus, que lhe ensina o que é melhor para você, que o dirige no caminho em que você deve ir. Se tão somente você tivesse prestado atenção às minhas ordens, sua paz seria como um rio, sua retidão, como as ondas do mar."
>
> Isaías 48.17-18

Para onde costuma ir à procura de paz? Já experimentou a indescritível paz de Deus?

MINHAS REFLEXÕES

JORNADA ALEGRE

Existe muita alegria na jornada: nos detalhes rotineiros, nos momentos difíceis e confusos e, até mesmo, nas lágrimas. Há muita alegria para ser encontrada tanto no silêncio quanto em meio ao barulho.

As lamúrias e comparações criam um caminho direto para que o inimigo roube a nossa alegria. Há esperança em Jesus e presentes nos momentos repletos de pequenas alegrias. Eles vêm de diversas formas: raios de sol batendo nas janelas, um atendente simpático no supermercado, uma música ouvida nas alturas, uma pista de dança no meio da sala de estar ou o sabor de uma refeição deliciosa depois de um longo dia. Qualquer que seja o momento, encontraremos alegria se a procurarmos.

> "Meus irmãos, considerem motivo de grande alegria o fato de passarem por diversas provações, pois vocês sabem que a prova da sua fé produz perseverança. E a perseverança deve ter ação completa, a fim de que vocês sejam maduros e íntegros, sem que falte a vocês coisa alguma."
>
> Tiago 1.2-4

Existe uma jornada de alegria ao acordarmos pela manhã sabendo que esse é um novo dia para respirarmos o ar puro, sair para jantar com uma amiga ou tomar um café com uma colega de trabalho. Encontre alegria no presente.

MINHAS REFLEXÕES

A CORRIDA

Estamos correndo essa corrida para ganhar um prêmio infinitamente mais valioso do que podemos imaginar. O nosso Senhor foi obediente até a morte para cumprir o que deveria fazer. Contudo, ele se sentiu sobrecarregado e perguntou três vezes ao Pai se não havia outra maneira (Veja Lucas 22). Jesus perseverou com a ajuda de anjos.

Haverá momentos em que você sentirá que está escorregando e momentos em que cairá, porém esteja certa de que Jesus a levantará. Continue a seguir em frente com o coração firme e com o desejo de perseverar até terminar a sua corrida.

> *"Feliz é o homem que persevera na provação, porque depois de aprovado receberá a coroa da vida, que Deus prometeu aos que o amam."*
>
> Tiago 1.12

Houve momentos em sua jornada espiritual em que você desejou desistir? Deixe Jesus levantá-la e colocá-la de volta ao caminho.

MINHAS REFLEXÕES

ELE SABE QUANDO NÃO SABEMOS

Você encara o cardápio, confusa em meio a tantas opções. Massa parece uma boa escolha, mas você está tentando evitar comer glúten. Salada é saudável, mas você comeu isso no almoço. Carne parece ser a escolha perfeita, até ver o preço. Todo mundo já fez o pedido; todos os olhos estão em você. Sabe que está com fome, só não sabe de quê. O que quero comer?, você se pergunta, apesar de não esperar uma resposta.

Há dias em que acontece o mesmo em relação às nossas orações. Sabemos que queremos algo — sentimos uma dor, ou desejo —, porém não conseguimos identificar o que é. Em outras ocasiões, estamos simplesmente sofrendo demais para nos concentrar. Precisamos, precisamos... e não conseguimos encontrar as palavras. O que quero?, clamamos. Desta vez, porém, podemos esperar por uma resposta. O Espírito Santo, que vive em nós, nos conhece tão intimamente que pode interferir e orar por nós. Ele sabe, mesmo quando não sabemos.

> *"Da mesma forma o Espírito nos ajuda em nossa fraqueza, pois não sabemos como orar, mas o próprio Espírito intercede por nós com gemidos inexprimíveis."*
>
> Romanos 8.26

Passe algum tempo com o Espírito hoje. Agradeça-lhe por conhecer o seu coração e por compartilhar o que está nele com Deus quando você não consegue fazer isso.

MINHAS REFLEXÕES

SENDO CONHECIDA

Pense no melhor presente que já recebeu. Não no mais extravagante, mas naquele que era tão perfeito para você, que a pessoa que a presenteou provavelmente a conhecia muito bem. Essa pessoa ouviu o que você disse há muito tempo, quando mencionou que desejava aquilo — talvez apenas de passagem —, e por estar ouvindo com o coração, enxergou o seu. Ela entende você.

Amamos quando as pessoas nos entendem e desejamos ser ouvidas. Para muitas de nós, é dessa maneira que sabemos quando somos amadas. Quanto, então, o Pai deve nos amar? Ele sabe tudo a nosso respeito — e ouve todos os nossos desejos e sempre nos consola — e está esperando para nos dar os seus presentes perfeitos. Ele nos conhece, nos ama.

> *"SENHOR, diante de ti estão todos os meus anseios; o meu suspiro não te é oculto."*
>
> Salmo 38.9

Compartilhe os seus desejos com o Senhor hoje. Permita que Deus revele o seu grande amor ao mostrar o quanto ele a conhece. Deixe o Criador presenteá-la com um presente bom e perfeito.

MINHAS REFLEXÕES

EM TEMPOS DE DÚVIDA

O sol vai se pôr hoje; e ele nascerá amanhã. Isso é um fato. Não temos motivos para duvidar de algo que testemunhamos todos os dias de nossa vida. Contudo, quando nossas experiências nos mostram o oposto, ou quando sequer temos qualquer experiência, as dúvidas começam a surgir. Vai nevar amanhã. Duvido, nós dizemos.

Quando alguém em quem confiamos diz que podemos contar com ela, acreditamos na sua palavra. Outra pessoa, que já nos decepcionou muitas vezes, pode fazer a mesma promessa, porém permanecemos pouco seguras até que ela cumpra o que disse. Ficamos inseguras. Duvidamos. Deus quer apagar as nossas dúvidas, e o Senhor fará isso; só precisamos ter fé.

> *"Tu, porém, SENHOR, estás perto e todos os teus mandamentos são verdadeiros. Há muito aprendi dos teus testemunhos que tu os estabeleceste para sempre."*
>
> Salmo 119.151-152

Examine a sua vida de oração. Você confia em Deus ou duvida das promessas que o Senhor fez para a sua vida? Por quê? Abra o seu coração para Jesus e peça-lhe que lhe dê uma fé inabalável.

MINHAS REFLEXÕES

POR FAVOR, PERMANEÇAM SENTADOS

Quando estamos em um carro, barco ou avião em movimento, nós não pulamos para fora, não importa o quão impacientes ou ansiosos estivermos. Isso seria loucura. Não poderíamos chegar ao nosso destino em segurança ou com tanta rapidez. Na verdade, nem chegaríamos. Compreendemos a necessidade de permanecer onde estamos a fim de chegarmos aonde desejamos.

Por que, então, somos tão rápidos para tentar apressar os planos de Deus para nossa vida? Aceitamos a graça divina, mas não o tempo do Senhor. Acolhemos o seu consolo, mas não a sua disciplina. Com que frequência tomamos decisões sem orar ou agimos antes de ouvir a voz do Altíssimo? E, ainda assim, esperamos chegar ao nosso destino — de maneira segura, rápida e fácil.

> "Permaneçam em mim, e eu permanecerei em vocês. Nenhum ramo pode dar fruto por si mesmo, se não permanecer na videira. Vocês também não podem dar fruto, se não permanecerem em mim."
>
> João 15.4

Há alguma área da sua vida que você está tentando administrar sozinha? Ore para que o Espírito revele em quais áreas você não permite que Jesus habite, ou em que áreas você não confia no tempo de Deus. Peça que o Senhor a ajude a confiar nele.

102

MINHAS REFLEXÕES

CONFIANDO NA LUZ

Imagine-se em meio a uma escuridão total, talvez em uma viagem de acampamento no meio da floresta — ou durante uma falta de energia em um bom hotel, se essa é mais a sua praia. Está totalmente sem luz no meio da noite e você precisa encontrar o caminho de volta para o acampamento. Então acende a sua lanterna e, apesar de ela só iluminar alguns passos de cada vez, é o suficiente para manter você no caminho. Cada passo à frente ilumina mais a sua trilha até que, por fim, você consegue ver o seu destino final.

A nossa caminhada na fé é bastante parecida com isso. Na maior parte do tempo, não conseguimos enxergar em que direção estamos indo. Apesar de só termos certeza de alguns passos à frente, podemos confiar no caminho revelado pela luz.

> *"Eu sou a luz do mundo. Quem me segue, nunca andará em trevas, mas terá a luz da vida."*
>
> João 8.12

Irmãs, Jesus é a nossa luz. Ele nos mostra exatamente aquilo que precisamos enxergar para colocar um pé à frente de cada vez. Peça que o Senhor a ajude a ignorar aquilo que você não consegue ver e a confiar na luz.

MINHAS REFLEXÕES

NOSSO CONSOLADOR

É o fim de um dia longo e difícil. Tudo o que quer fazer é se jogar na cama, se enrolar no edredom e descansar. Existe algo nos edredons macios e confortáveis que faz com que os nossos problemas pareçam menores.

Um dos muitos nomes do Criador é Deus de toda consolação. Ele é o nosso maior consolador e permite que nos enrolemos nele a fim de sermos aquecidas, acalmadas e aliviadas. Ele faz isso para que possamos seguir o exemplo dele e consolar aqueles que precisam, demonstrando o amor do Senhor.

> *"Bendito seja o Deus e Pai de nosso Senhor Jesus Cristo, Pai das misericórdias e Deus de toda consolação, que nos consola em todas as nossas tribulações, para que, com a consolação que recebemos de Deus, possamos consolar os que estão passando por tribulações."*
>
> 2Coríntios 1.3-4

Observe as repetições nos versículos anteriores. Os termos consolação e consolar aparecem, ao todo, quatro vezes. Essa repetição não acontece porque Paulo não estava se sentindo inspirado, mas porque ele queria ter certeza de que entendêssemos aquilo que ele estava dizendo. Somos consolados para que possamos consolar. Ele deseja essas duas coisas para nós. Qual delas você tem praticado mais ultimamente? Peça ao Senhor que a ajude com a outra.

MINHAS REFLEXÕES

FAÇA TUDO COM AMOR

O que passa pela sua cabeça quando você está fazendo compras no supermercado? E quando se exercita na academia? Enquanto lê ou assiste à televisão, os seus pensamentos estão voltados para o amor? Quando lava a louça, há amor na forma como enxágua um copo ou da maneira que seca uma panela?

A primeira carta de Paulo aos coríntios contém o extraordinário mandamento para que façamos tudo com amor. Tudo. Como seria se fizéssemos isso? Como uma pessoa pode escolher morangos de maneira amorosa? Optando pelos mais vermelhos e suculentos? Existe uma maneira amorosa de esfregar uma panela suja? Talvez não, mas certamente podemos encarar as nossas atividades diárias com um espírito de amor, cheias dele, garantindo, assim, que tudo o que fizermos será com amor.

"Façam tudo com amor."

1Coríntios 16.14

Em vez de pensar em como você pode incluir mais amor em suas atividades diárias, ore pedindo que seja transbordada dele hoje. A partir daí, simplesmente deixe o amor fluir.

MINHAS REFLEXÕES

ENCONTRANDO PAZ

O que é caos para você em sua vida? Prazos loucos para entregas de trabalho, muitas atividades durante o dia, longas listas de afazeres e pouco tempo? Todas as opções? E quanto à paz, o que ela é para você?

A maioria de nós imagina conseguir fugir — para o interior da banheira ou para uma praia ensolarada. Ali está tudo em silêncio. Sereno. O problema dessa fantasia, por mais maravilhosa que pareça, é que ela é passageira. Não podemos viver dentro de nossas banheiras ou em Fiji, e, portanto, a nossa melhor aposta é buscar a paz em meio ao nosso caos. E adivinhe? Podemos obtê-la. Jesus promete paz a todos aqueles que o colocarem em primeiro lugar.

> *"Tu, SENHOR, guardarás em perfeita paz aquele cujo propósito está firme, porque em ti confia."*
>
> Isaías 26.3

Quão atraente é imaginar não se abalar com os estresses da sua vida? É fácil ou difícil reivindicar essa promessa para você? Peça que Jesus lhe conceda a paz verdadeira; fixe os seus pensamentos nele e assista ao resto do mundo desaparecer. Quando o mundo tentar voltar, peça paz ao Senhor novamente.

MINHAS REFLEXÕES

FOLHAS QUE NUNCA MURCHAM

Se você mora em um lugar com clima mais frio, então provavelmente conhece muito bem a estação maravilhosa que é o outono. A cada ano, as folhas mudam lentamente para tons de amarelo dourado, laranja e vermelho. É uma coisa linda, porém, em determinado momento, as folhas murcham e morrem, caindo no chão.

Muitas vezes, o mesmo acontece com o nosso relacionamento com o Senhor. Temos aquele fogo por Deus no início; brilhamos forte, até que começamos a apagar e vamos nos afastando dele. Se, porém, mantivermos a nossa confiança nele, o Altíssimo nos diz que as nossas folhas espirituais jamais murcharão. Ele deseja que as nossas vidas sejam como árvores que dão fruto continuamente.

> *"Ele será como uma árvore plantada junto às águas e que estende as suas raízes para o ribeiro. Ela não temerá quando chegar o calor, porque as suas folhas estão sempre verdes; não ficará ansiosa no ano da seca nem deixará de dar fruto."*
>
> Jeremias 17.8

Você tem produzido bons frutos em sua caminhada espiritual ou tem perdido as suas folhas? Plante raízes bem firmes no Senhor e deixe que ele regue a sua alma.

MINHAS REFLEXÕES

ONDE O CRÉDITO É DEVIDO

Você alcança um objetivo ou recebe ótimas notícias. O dia pelo qual tanto esperou finalmente chegou, e você está muito feliz por isso. Qual é a sua primeira reação? Atualiza o seu status nas redes sociais para que todos saibam o que aconteceu? Telefona para a sua mãe para contar as ótimas notícias?

Não há nada de errado em compartilhar a sua alegria com as outras pessoas. No entanto, ao fazer isso, certifique-se de dar, em primeiro lugar, toda glória e louvor a Deus. Foi o Senhor que deu a você todas as coisas. Alegre-se por ele ser sempre tão bom para você. Quando se sentir tão feliz e animada a ponto de dançar de alegria, lembre-se de dar uma pirueta por Jesus também. Ele quer comemorar com você!

> "Naquele dia vocês dirão: Louvem o SENHOR, invoquem o seu nome; anunciem entre as nações os seus feitos, e façam-nas saber que o seu nome é exaltado. Cantem louvores ao SENHOR, pois ele tem feito coisas gloriosas, sejam elas conhecidas em todo o mundo."
>
> Isaías 12.4-5

Você está dando o devido crédito a Deus? Separe um tempo hoje para agradecer ao Senhor por tudo o que ele a ajudou a alcançar e por tudo o que o Altíssimo lhe deu. Ele quer compartilhar da sua alegria!

MINHAS REFLEXÕES

COMPLETAMENTE EXAUSTA

Você já se sentiu tão cansada a ponto de não saber se seria capaz de dar mais um passo? O seu calendário está lotado de atividades programadas, todos seus dias estão cheios, cada hora da sua vida está agendada para algum compromisso e é difícil achar um minuto sequer para você mesma. Até os seus ossos parecem cansados, e você cai na cama à noite completamente exausta.

Existe alguém que está pronto para segurá-la quando você cair. Pode tropeçar pelo seu dia agitado, mas o Altíssimo nunca permitirá que você atinja o chão. Deus se deleita na sua vida! Ele direcionará cada um de seus passos, se pedir ao Senhor. Ele, com prazer, pegará na sua mão e a guiará pela vida.

> *"O SENHOR firma os passos de um homem, quando a conduta deste o agrada; ainda que tropece, não cairá, pois o SENHOR o toma pela mão."*
>
> Salmo 37.23-24

Você tem permitido que Deus guie os seus dias? Embora você esteja cansada, o Criador tem energia suficiente para fazê-la enfrentar todas as coisas. Segure na mão do Senhor hoje e caminhe ao lado de Jesus.

MINHAS REFLEXÕES

LIGUE O INTERRUPTOR

Você já andou à noite pela casa, certa de que poderia caminhar por ela sem precisar acender a luz e tropeçou em alguma coisa no meio do caminho? Quando não podemos ver para onde estamos indo, estamos propensas a tropeçar. Por outro lado, o caminho se torna óbvio quando simplesmente acendemos a luz.

A Bíblia nos diz que caminhar na justiça é exatamente como andar à luz do dia. Por outro lado, caminhar na rebeldia é como tropeçar em meio à escuridão. Nunca sabemos o que nos atingiu até que seja tarde demais.

> "A vereda do justo é como a luz da alvorada, que brilha cada vez mais até a plena claridade do dia. Mas o caminho dos ímpios é como densas trevas; nem sequer sabem em que tropeçam."
>
> Provérbios 4.18-19

Você tem escolhido a luz? O seu caminho está bem iluminado? Ou você se encontra agora no meio da escuridão? Se esse for o caso, então ligue o interruptor! Ore para tomar decisões sábias. Busque a sabedoria de Deus para a sua vida! O Criador deseja brilhar para você. Deixe-o entrar e o Senhor será a sua luz eterna, iluminando todos os seus dias.

MINHAS REFLEXÕES

FARÓIS

Há um ótimo motivo para justificar a construção dos faróis. Há centenas de anos, eles brilham em todos os portos ao redor do mundo, guiando os navios em segurança até a costa. A premissa era simples; colocar a luz bem no alto, para que ela pudesse ser vista com facilidade.

Jesus é a luz do mundo. Essa luz não deve ser escondida. Deve ser colocada no alto, onde todas as pessoas possam vê-la com facilidade. E como seus seguidores, somos chamados a brilhar forte por Cristo, de maneira que as pessoas possam enxergá-lo por conta própria. Não devemos escondê-la, mas iluminar com ousadia o caminho que leva a Jesus.

> *"Vocês são a luz do mundo. Não se pode esconder uma cidade construída sobre um monte. E, também, ninguém acende uma candeia e a coloca debaixo de uma vasilha. Ao contrário, coloca-a no lugar apropriado, e assim ilumina a todos os que estão na casa."*
>
> Mateus 5.14-15

Não esconda a sua luz, mostrando-a apenas quando for confortável para você. Ore para que tenha a ousadia de fé para ser fonte de luz de Cristo para todas as pessoas que conhecer. Peça a Jesus que a ajude a brilhar forte para que as pessoas possam sair da escuridão e se juntar a você na luz do Senhor.

MINHAS REFLEXÕES

NOVA VIDA

Você já se deitou na cama à noite, pensando sobre os erros que cometeu no passado e se condenando por decisões tomadas anos atrás? Se já, saiba que não é a única. Nós, mulheres, somos muito duras com nós mesmas por buscarmos alcançar quase a perfeição.

Há uma boa notícia para todas nós! Quando aceitamos Cristo como nosso Salvador, somos novas criaturas. Não há mais necessidade de nos repreendermos pelas escolhas do passado. Ele levou embora os nossos pecados e nos limpou de toda mácula. Não precisamos mais enxergar nossa existência com os nossos antigos pontos de vista, porque os nossos velhos modos de viver já se foram, e recebemos vida nova!

> *"O SENHOR é bom para todos; a sua compaixão alcança todas as suas criaturas."*
>
> Salmo 145.9

Entregue o seu passado ao Criador. Se você tem dificuldade de esquecer os erros que cometeu, peça ajuda a Deus para conseguir se perdoar. Você é nova criatura aos olhos do Senhor! Há tanta liberdade nessa verdade! Aproveite!

MINHAS REFLEXÕES

PERDER PARA GANHAR

O segredo para aumentar a sua fé é simples. É necessário que haja menos de nós para termos mais de Deus. Para permitir mais da presença do Senhor em nossa vida, precisamos diminuir. Devemos oferecer mais de nossa vida ao Altíssimo e nos entregar por completo.

O mundo diria que fazer isso é uma perda. Aprendemos a vida inteira que devemos nos colocar em primeiro lugar. O nosso semelhante diria que precisamos fazer de nós mesmas uma prioridade. Mas eles não entendem nada! Quando nos entregamos completamente a Deus, podemos compartilhar da glória e alegria do Senhor. Abrir mão de nossos prazeres terrenos por tesouros celestiais significa ganhar infinitamente mais do que este mundo tem a nos oferecer.

> *"Pois quem quiser salvar a sua vida, a perderá, mas quem perder a sua vida por minha causa, a encontrará."*
>
> Mateus 16.25

Esvazie-se dos desejos da sua carne e permita que Deus a encha com a presença dele. Você não sentirá falta de nada. Na verdade, essa presença do Senhor transbordará em sua vida, se derramando por toda parte, para que as pessoas vejam! Seja *menos* para que possa receber *mais* dele.

MINHAS REFLEXÕES

EM MEIO AO SOL E À TEMPESTADE

É fácil nos sentirmos felizes em um dia ensolarado, quando tudo vai bem, os pássaros estão cantando e a vida está às mil maravilhas. Mas o que acontece quando as coisas se complicam, recebemos uma má notícia ou nos dias que são simplesmente mais difíceis?

Deus deseja que nos sintamos felizes quando os dias são bons. Foi o Senhor quem criou todos os dias. Somos chamadas a nos alegrar em cada um deles, quer sejam bons ou ruins. A felicidade é determinada pelas nossas circunstâncias, mas a verdadeira alegria vem quando conseguimos enxergar o lado bom das coisas, escondidos em nossos momentos mais sombrios — quando conseguimos cantar louvores apesar de tudo. Não sabemos o que o futuro nos reserva aqui, nesta terra, mas podemos encontrar a nossa alegria na certeza de que a nossa eternidade será maravilhosa.

> *"Quando os dias forem bons, aproveite-os bem; mas, quando forem ruins, considere: Deus fez tanto um quanto o outro, para evitar que o homem descubra alguma coisa sobre o seu futuro."*
>
> Eclesiastes 7.14

A sua felicidade é determinada pelas suas circunstâncias? Ore para descobrir a verdadeira alegria no nosso Criador. Peça que Deus conceda uma satisfação profunda e duradoura àqueles dias que ultrapassam o nosso entendimento.

MINHAS REFLEXÕES

PODER SEM LIMITES

Existe um limite para o que podemos realizar por intermédio de nossas próprias forças. Cumprimos as nossas obrigações e podemos conseguir fazer muitas coisas, mas o nosso poder é limitado.

Deus, no entanto, não tem limites naquilo que pode fazer! Se pedirmos que o Senhor opere em nossa vida, não há como evitar as coisas maravilhosas que podem acontecer! Podemos realizar mais do que jamais imaginamos sequer pedir. E a melhor parte é que Deus deseja fazer isso por nós. Não se trata de uma tarefa para o Criador ou de outra obrigação a ser cumprida.

> "Àquele que é capaz de fazer infinitamente mais do que tudo o que pedimos ou pensamos, de acordo com o seu poder que atua em nós, a ele seja a glória na igreja e em Cristo Jesus, por todas as gerações, para todo o sempre! Amém!"
>
> Efésios 3.20-21

Peça ao Senhor coisas maiores e mais ousadas! Ore para receber a capacidade sobrenatural de que precisa a fim de cumprir todas as suas obrigações. O poder de Deus não tem limites, e o Senhor o estenderá à sua vida se você pedir.

MINHAS REFLEXÕES

NÓS TEMOS TEMPO

O tempo que temos nunca parece ser o bastante. Muitos dias parecem ser uma corrida contra o relógio para conseguirmos fazer tudo o que precisamos. Parece nos faltar tempo até para as coisas mais importantes, como ler a Palavra de Deus, dedicar tempo aos nossos familiares ou ajudar aos necessitados.

No fim das contas, existe apenas uma coisa de que precisamos nos lembrar: temos tempo para aquilo para que arrumamos tempo. É muito fácil nos sentirmos ocupadas, mas com o que estamos nos ocupando? Conseguimos tempo para navegar pelas redes sociais ou para assistir a reprises dos nossos programas preferidos? Estamos encontrando tempo para tomar um banho longo ou para dormir mais alguns minutinhos pela manhã? Nenhuma dessas coisas é necessariamente errada, mas se sentimos que não temos tempo para dedicar ao Senhor, precisamos repensar sobre como estamos administrando nossos dias.

> *"Tenham cuidado com a maneira como vocês vivem; que não seja como insensatos, mas como sábios, aproveitando ao máximo cada oportunidade, porque os dias são maus. Portanto, não sejam insensatos, mas procurem compreender qual é a vontade do Senhor."*
>
> Efésios 5.15-17

Reflita sobre o seu dia hoje e sobre como pode administrar melhor o seu tempo — de forma a aproveitar da melhor maneira possível os seus momentos e oportunidades.

MINHAS REFLEXÕES

NENHUMA CONDENAÇÃO

A maioria de nós conhece a história da mulher flagrada em adultério. Um dos momentos intrigantes se dá quando Jesus é questionado se a mulher deveria ser apedrejada ou não. Ele se inclinou e começou a escrever na terra. Esse gesto de Jesus, ao se abaixar para escrever no chão, define, literalmente, uma das interpretações da palavra graça.

Enquanto todas as pessoas julgavam aquela mulher, Jesus se afastou de seus acusadores, se abaixou e permaneceu ali. Essa atitude diz muito sobre a sua escolha de não participar do julgamento feito por aquela multidão. Graças a essa distração causada por Jesus, os olhos da multidão saíram daquela mulher, aliviando, talvez, um pouco da sua vergonha. Com a atenção voltada para Jesus, ele disse as palavras que salvaram a vida da mulher: "Se algum de vocês estiver sem pecado, seja o primeiro a atirar pedra nela." Um a um, os seus acusadores foram embora.

> *"Então Jesus pôs-se em pé e perguntou-lhe: 'Mulher, onde estão eles? Ninguém a condenou?' 'Ninguém, Senhor', disse ela. Declarou Jesus: 'Eu também não a condeno. Agora vá e abandone sua vida de pecado.'"*
>
> João 8.10-11

Jesus era o único qualificado para apedrejar a mulher adúltera. Este é um belo prenúncio da redenção que o Senhor, mais tarde, ofereceu a todos os pecadores. Querida, Cristo é o único que pode condená-la, mas ele escolheu condenar a si mesmo em seu lugar. Você está liberta e limpa por causa da graça de Jesus Cristo.

MINHAS REFLEXÕES

PERSEVERANÇA

Lembra-se de quando você decidiu seguir a Cristo? Talvez tenha sentido como se um peso enorme estivesse sendo tirado dos seus ombros, ou que finalmente era capaz de sentir a paz e a alegria que estava procurando. Você se encheu de animação pela nova vida, sentindo-se pronta para encarar o mundo pelo nome de Jesus.

Seguir a Deus pode ser fácil no início. Nós o aceitamos em nossa vida e somos invadidas pelo amor dele com uma incrível esperança. Mas com o passar do tempo, voltam as antigas tentações, ameaçando abalar a nossa determinação. A confiança que sentimos a princípio em nosso relacionamento começa a diminuir, e nos perguntamos se somos capazes de encarar a vida cristã.

> *"Por isso, não abram mão da confiança que vocês têm; ela será ricamente recompensada. Vocês precisam perseverar, de modo que, quando tiverem feito a vontade de Deus, recebam o que ele prometeu."*
>
> Hebreus 10.35-36

Talvez você tenha perdido a confiança que tinha no começo de sua caminhada com Cristo. Ou, talvez, ainda sinta bastante segurança e confiança. De qualquer maneira, aceite com ousadia tudo o que Deus tem para você. Permaneça confiante nele; o Altíssimo cumprirá o que prometeu. Quando for difícil segui-lo, busque ainda mais ao Senhor, e lembre-se de que será ricamente recompensada por sua perseverança.

MINHAS REFLEXÕES

PERFEITO AMOR

Alguém conhece o seu *eu* verdadeiro? O eu que não foi editado ou aperfeiçoado?

Esconder quem somos de verdade em nossos relacionamentos é uma expressão direta do nosso próprio medo. Quando temermos ser conhecidas de verdade, perdemos o maior presente que podemos receber nos relacionamentos — amor sincero. Nós sacrificamos um relacionamento verdadeiro no altar da nossa própria insegurança e medo.

> "Assim conhecemos o amor que Deus tem por nós e confiamos nesse amor. Deus é amor. Todo aquele que permanece no amor permanece em Deus, e Deus nele. Dessa forma o amor está aperfeiçoado entre nós, para que no dia do juízo tenhamos confiança, porque neste mundo somos como ele."
>
> 1João 4.16-17

Você tem medo de mostrar quem é de verdade? Entregue a sua necessidade de ser vista como uma pessoa perfeita e permita-se ser amada por quem você é realmente. Deixe seu medo ser apagado pelo amor sem defeito de um Deus perfeito.

MINHAS REFLEXÕES

SEDE DE ÁGUA PURA

Você reparou que quanto mais água bebe, mais o seu corpo deseja beber? E quanto menos água bebe, menos o seu corpo a deseja conscientemente. Apesar de continuar necessitando de água para viver, você passa a se saciar com menores quantidades dela, disfarçadas em outras comidas e bebidas. Mas para um corpo acostumado a tomar água pura diariamente, só ela é capaz de saciar a sua sede.

O mesmo princípio se aplica à presença de Deus em nossa vida. Quanto mais entramos na presença dele, mais desejamos ficar ali. Quanto mais nos sentamos aos seus pés e ouvimos as suas palavras, mais precisamos das Escrituras para continuar vivendo. No entanto, se ficarmos satisfeitos com verdades e revelações de segunda mão, perderemos aos poucos a nossa fome pela pura e imaculada presença do Deus vivo.

> "A minha alma anela, e até desfalece, pelos átrios do SENHOR; o meu coração e o meu corpo cantam de alegria ao Deus vivo."
>
> Salmo 84.2

Todo o seu corpo anseia estar com Deus? Busque a Jesus até não conseguir mais se satisfazer com nada menos do que a forma mais pura da sua presença. Alimente a sua fome e fascinação pelo Senhor até, literalmente, desejá-lo. Passe a sua vida se deleitando na sua verdade, conhecendo o seu caráter e adorando o seu coração.

MINHAS REFLEXÕES

MINHAS REFLEXÕES

MINHAS REFLEXÕES

MINHAS REFLEXÕES

MINHAS REFLEXÕES

• • • • • • • • • • • • • • • •

Este livro foi impresso em dezembro de 2018,
pela Geográfica para a Geográfica Editora.
Composto nas tipologias Avenir e Paris.
O papel do miolo é Alta alvura 90g/m2
e o da capa é Couchê 150g/m2 .

• • • • • • • • • • • • • • • •